Pregunta esencial
¿Cómo nos enriquecen las diferencias?

El sonido arcoíris

Antonieta Villalba Zúñiga
ilustrado por Enrique Corts

Capítulo 1

Estudio do-re-mi

Mis amigos y yo estábamos interesados en crear una banda para participar en el Concurso Musical Nacional. Solo había un problema: a cada uno le interesaba un género diferente.

Antes de continuar con la historia de la banda y el concurso, les voy a contar algo sobre mis amigos. Clara es inteligente, brillante y tierna. A ella le gusta la gaita, porque tiene sonidos suaves. Este instrumento requiere un dominio especial del manejo del aire y de las manos, pero mi amiga lo ha logrado al ensayar todos los días.

Ulises es muy observador y tiene habilidades para componer música. Él aprendió a tocar guitarra desde pequeño, su hermano mayor le enseñó algunos acordes y él continuó estudiando con manuales. Mi amigo es muy disciplinado y creativo.

Eugenia canta todo el día, parece un pajarito feliz y juguetón. Siempre tiene una gran sonrisa en su rostro y palabras alegres para todos.

Yo soy Carlos, hablo y hablo sin parar, por eso soy el encargado de contar la historia de la banda. A mí me encanta tocar el piano, creo que soy la persona más afortunada de todo el universo por poder hacerlo.

¡Ah!, se me olvidaba hablarles de alguien muy especial, el señor Torres, nuestro maestro de música. Él nos ayudó a formar la banda. Todo empezó un día en que el maestro nos dijo:

—Hoy les voy a enseñar algunos ritmos populares. Me imagino que en sus hogares ya habrán escuchado algunas de estas melodías.

Mis amigos y yo nos miramos sorprendidos, porque unos días atrás habíamos hablado sobre el tipo de música que tocaríamos, si tuviéramos una banda. A Clara le gusta la cumbia; a Ulises, el *rock*; a Eugenia, el pop; y a mí me encanta el *jazz*.

—Voy a empezar por la cumbia, esta refleja la riqueza de nuestra cultura —nos dijo el maestro Torres—. También les mostraré otros tipos de música, como el *rock* y el *jazz*. Muchachos, escuchen con atención, ¿no les parece que el ritmo de la cumbia se parece al latido de un corazón acelerado?

Ese día, el señor Torres fue una gran inspiración para todos en la clase, no solo por la música que nos puso a escuchar. También porque hizo algo maravilloso.

—Les tengo una sorpresa —continuó el señor Torres—. Mañana los llevaré al Estudio do-re-mi. Será una gran experiencia, allí podrán conocer y tocar otros instrumentos.

—¡Qué bien! —exclamó Ulises—. ¡Tres hurras por el señor Torres!

—Muchas gracias por los hurras, Ulises. Volviendo al tema... Considero conveniente ir dos veces por semana para que tengamos la oportunidad de conocer distintos instrumentos musicales. Además, allí hay unos excelentes tutores, los pueden distinguir porque están disfrazados de una forma muy divertida. Algunos tienen máscaras, otros usan maquillaje de colores y otros visten trajes fascinantes que los inspirarán.

Al día siguiente, fuimos al Estudio do-re-mi. ¡No lo podíamos creer! Ese lugar es increíble: en las paredes hay afiches de grandes músicos e instrumentos de muchas partes del mundo.

Las personas del estudio estaban llenas de alegría y de historias para contar.

—Bienvenidos, es un placer tenerlos aquí —dijo una joven disfrazada de mariposa con una bonita máscara con destellos de colores—. Este lugar es mágico, porque... ¡cada nota musical los hará soñar!

Durante las tres primeras semanas, los tutores expusieron sus conocimientos sobre teoría musical. Pensé que iba a ser algo aburrido, pero no, fueron clases muy interesantes.

En el estudio aprendimos a escuchar música, a analizarla y a componer algunas melodías sencillas.

Otras veces realizamos improvisaciones para desarrollar nuestra propia creatividad. Por ejemplo, alguien decía una serie de palabras y, a partir de estas, debíamos crear una canción entre todos.

Una tarde muy calurosa, el director del Estudio do-re-mi nos presentó videos de agrupaciones que combinaban diferentes géneros.

—¡Caracoles! No sabía que se podía hacer algo semejante —cantó Eugenia con su bella voz de pajarito—, es muy interesante.

—¡Escuchen! ¡Esa gaita suena genial con ese ritmo rockero! —añadió Clara sorprendida.

Yo seguía escuchando las mezclas que hacían los grupos, y me di cuenta de que podíamos encontrar la solución a nuestras diferencias musicales.

Fui hasta donde estaba el señor Torres y le comenté:

—Maestro, acabamos de ver que nuestras diferencias nos pueden unir en lugar de separarnos.

—Muy bien, Carlos —respondió animadamente—. Una banda puede integrar varios ritmos. En la actualidad a esto se le llama fusión.

Detective del lenguaje

La palabra subrayada es un verbo en pretérito. Busca otros verbos en pretérito en esta página.

Capítulo 2

Heredé un piano

Se acercaba mi cumpleaños, así que pedí un gran piano como el de mi abuelo. Quería empezar a practicar todos los días para poder estar en la banda con mis amigos.

—Querido nieto —me dijo mi abuelo al enterarse de mi petición—, cuando yo tenía tu edad, mi padre me regaló un hermoso piano: negro, brillante, ¡súper!, como dirías tú.

—Debió ser el día más feliz de tu vida. ¿Practicabas todo el tiempo, abuelito? —pregunté conmovido.

—La verdad, no lo hacía con frecuencia, pero cuando lo tocaba me imaginaba que sus teclas blancas y negras se asemejaban al día y la noche. Así estimulaba mi imaginación y hacía composiciones dedicadas al sol y la luna —respondió con una gran sonrisa. Se quedó callado por un momento y añadió—. No es necesario comprar un piano para tu cumpleaños, ¿no crees?

Entendí sus palabras y con asombro exclamé:

—Abuelo, ¿en serio? ¡Qué felicidad! ¡Es el mejor regalo del mundo! ¡Tu piano! ¡El que te regaló el bisabuelo! ¡Qué maravillosa herencia!

—Así es —continuó él—. A esas teclas negras y blancas les sentará muy bien que tus pequeños dedos las recorran. Hablaré con tus padres y te lo traeré para el día de tu cumpleaños.

Cuando hablé con mis amigos, se alegraron muchísimo. Ahora podría practicar todos los días con dedicación. Y así lo hice, cuando llegaba de la escuela realizaba mis tareas y enseguida me sentaba a ensayar.

Cada día era más hábil para tocar el piano. Cuando fui capaz de componer imaginé, como mi abuelo, que las teclas blancas eran el día y las negras, la noche. Y entre una melodía y otra, me acordé de mis amigos, sus instrumentos musicales y de la música fusión, de la cual me había hablado el señor Torres.

Cuando estaba listo para formar la banda hablé con mis amigos:

—¿Recuerdan cuando el director del Estudio do-re-mi nos mostró videos? Ese mismo día, el señor Torres me explicó que la mezcla de estilos musicales se llama fusión. Se me ocurre que podríamos interpretar este tipo de música. Sería genial que una gaita, una guitarra, una voz y un piano combinaran melodías de diversos géneros, ¿qué dicen?

—Podríamos tocar ritmos de *rock* y *blues* con mi guitarra —dijo Ulises entusiasmado—. ¿Sabían que el *blues* es un género originario de las comunidades afroamericanas de Estados Unidos?

—A mí me encantaría tocar cumbias con mi gaita —agregó Clara—. Y sería muy divertido incorporar algunos sonidos modernos.

—¡Como los del pop! —exclamó Eugenia.

Yo añadí que el *jazz* podría aportar a nuestra música dinamismo y armonía.

De esta manera, comprendimos que no importaban las diferencias musicales y que podríamos llegar a acuerdos y fusionar los géneros. ¡Podíamos unir cosas diferentes!

Ya sabíamos qué música tocaríamos… o por lo menos, sabíamos qué elementos tendría y qué ritmos fusionaríamos. Solo faltaba un nombre para nuestra banda.

—Los rítmicos —gritó Clara.

A todos nos pareció genial.

A partir de ese momento empezamos a ensayar tres veces a la semana, unas veces en mi casa y otras en el Estudio do-re-mi. Por supuesto, íbamos acompañados por el señor Torres y nuestros padres.

Un día, mientras ensayábamos, el maestro nos dijo:

—Están haciendo un trabajo excelente. ¡Son muy creativos! Han mezclado varios estilos y géneros musicales. Es cierto que la unión hace la fuerza.

—Muchas gracias —dijo Clara—, todo se lo debemos a usted.

—Ahora, me gustaría hacer un ejercicio —dijo el señor Torres—. Dejen un momento sus instrumentos y acérquense.

Nos indicó que cerráramos los ojos y nos concentráramos en los sonidos que nos rodeaban; escuchamos sus pasos y el murmullo del viento en los árboles. De pronto, el profesor encendió el equipo de sonido y la música llegó a nuestros oídos.

—En la mesa dejé papel y algunos creyones de colores —dijo el señor Torres—. Con los ojos cerrados, intenten dibujar las imágenes que llegan a su mente cuando escuchan la música. Esta variará, ¡presten atención y dejen volar su imaginación!

Cuando terminamos el ejercicio, el señor Torres señaló:

—Observen, la música los llevó a hacer trazos y líneas y, cuando la música cambiaba, también lo hacían sus dibujos. Esa bonita composición es el resultado de mezclar cada imagen, emoción e idea. En eso consiste la fusión musical, ¿qué opinan?

—¡Nunca había hecho algo así! —dije muy emocionado—. Qué bien nos ha explicado lo que es una fusión.

Todos estábamos felices y le dimos un fuerte abrazo al señor Torres.

Capítulo 3

Los rítmicos

Habíamos trabajado con mucho interés. Primero, porque nos gusta la música; segundo, porque queríamos participar en el Concurso Musical Nacional. El señor Torres, nuestros padres y abuelos nos apoyaban.

Compusimos una canción, allí estaban todos nuestros gustos: *jazz*, *blues*, pop, cumbia y *rock*. Éramos nosotros en notas musicales. Nos comprometimos mucho con esta tarea porque también reflejaba lo que habíamos aprendido en el Estudio do-re-mi, y en nuestra clase de música.

Días antes del concurso, Eugenia llegó saltando de la emoción y nos dijo:

—Mis papás me dieron una gran idea: hacer un video musical para presentarlo en el concurso mientras tocamos.

Todos estuvimos de acuerdo y decidimos que en el video aparecerían imágenes de los principales representantes de los ritmos que habíamos elegido para nuestra composición. Si nuestra música era fusión, el video también lo sería.

Detective del lenguaje **Identifica la función de las comas en la frase subrayada.**

Ese mismo día estuvimos buscando las imágenes que queríamos mostrar en el video. Cuando las conseguimos, fuimos a la casa de Eugenia, pues sus padres adoptivos nos ayudarían a producir el video. Son magníficos diseñadores y animadores.

Nosotros expusimos nuestras ideas y ellos nos escucharon con la mayor atención, pues todos hablábamos muy rápido y al mismo tiempo. Así que tuvieron que poner orden en la sala. La madre de Eugenia dijo firmemente:

—Todos quieren hablar, pero no lo pueden hacer; uno a la vez, por favor.

Entonces, les explicamos por turnos lo que cada uno conocía sobre su género musical favorito. De esta forma podrían saber lo que queríamos: un video cultural que apoyara nuestra presentación y mostrara de forma clara las fusiones que tenía nuestra música.

—¡Felicitaciones!, han sido muy disciplinados —dijo el padre de Eugenia sentado frente al computador—. Van a hacer una presentación inolvidable.

Trabajamos toda la tarde, el resultado fue un maravilloso video para nuestra canción. Los padres de Eugenia son grandes artistas y nosotros somos buenos músicos. ¡Qué gran equipo!

Teníamos un estilo musical propio, el nombre del grupo, el video musical que acompañaría nuestra presentación y una composición musical creada especialmente para el concurso. Solo faltaba darle un nombre, debía ser algo que reflejara lo que habíamos logrado. Surgieron diferentes propuestas pero ninguna nos convencía.

Un buen nombre es importante porque es lo primero que escucharán los jueces del concurso y el público asistente.

—¡El sonido arcoíris! —dijo Clara con su dulce voz.

—¿Arcoíris? —pregunté un poco desconcertado.

—Claro —continuó ella—. ¿Recuerdan el ejercicio de los creyones de colores y la música variada?

—¡Cómo olvidarlo! —exclamó Ulises—. Estuvo súper.

—¿Recuerdan nuestros dibujos sobre la mesa? —añadió Clara.

—Por supuesto —asintió Eugenia—, parecía ¡un bello arcoíris!

Lo último que nos faltaba por decidir era qué trajes llevaríamos. Por unanimidad, decidimos no vestirnos idénticos sino con colores vivos que representaran la alegría de nuestra música.

Con la formación de la banda y la elección del género musical, nos dimos cuenta de que hay muchos acuerdos a los que podríamos llegar a pesar de las diferencias.

Siempre podemos encontrar la armonía, como el arcoíris, en el que todos los colores están presentes y juntos. Además, disfrutamos de un gran espectáculo en el cielo.

Después de tanta espera, llegó el día del concurso. El auditorio estaba lleno y el maestro Torres estaba sentado en la primera fila.

Mis papás y mis abuelitos estaban un poco más atrás con los papás y los hermanos de Ulises, Clara y Eugenia.

En total se presentarían 25 bandas. Nosotros éramos la número 11. Las diez primeras tocaron muy bien. Los nervios nos invadían, las piernas nos temblaban, pero ¡salimos al escenario!

Vi que nuestras familias llevaban grandes carteles con el nombre de nuestra banda para darnos ánimo.

Parecía como si ellos fueran los asistentes a un concierto de cantantes muy famosos y estuvieran viendo a su banda favorita. Bueno, ¡así son los papás!

Empezamos a tocar. Fue una experiencia maravillosa; el público nos aplaudía, nos sentíamos como cantantes profesionales.

Cuando terminamos, siguieron las bandas que faltaban. La competencia era fuerte y no sabíamos si ganaríamos. Al final de la tarde, llamaron a los cinco finalistas: ¡Estábamos en ese grupo!

Después, como si fuera un sueño, los jueces dieron su veredicto: ¡Habíamos ganado el Concurso Musical Nacional! ¡No lo podíamos creer!, nuestros padres estaban felices. Cuando recibimos el premio, les expresamos nuestro agradecimiento a ellos y al maestro Torres, pues siempre nos apoyaron y ayudaron.

Bajamos del escenario y él nos dijo:

—Chicos, ¡felicitaciones! Se lucieron. Espero que hayan aprendido que las diferencias no deben ser un obstáculo para trabajar en equipo, al contrario, nos pueden unir, como en el caso de Los rítmicos.

Resumir

Usa los detalles más importantes de *El sonido arcoíris* para resumir el cuento. Puedes usar el organizador gráfico como ayuda.

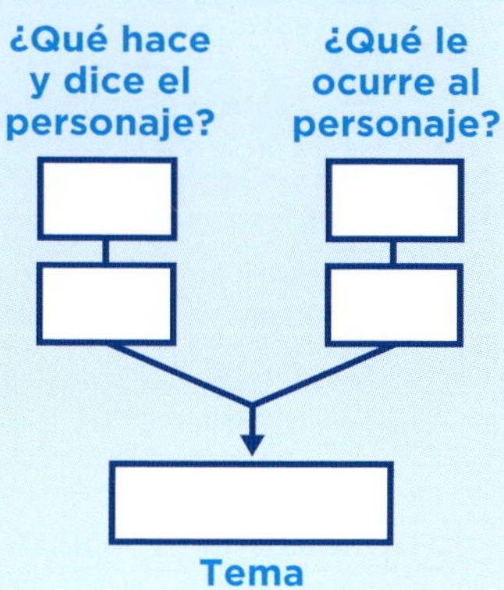

Evidencia en el texto

1. ¿Cómo sabes que *El sonido arcoíris* es ficción realista? Identifica dos características del cuento, que te permitan determinarlo. **GÉNERO**

2. ¿Qué aprendieron Carlos y sus amigos sobre las diferencias? ¿Cómo ayuda esto a mostrar el mensaje de la autora? **TEMA**

3. En la página 6 aparece la palabra *fusión*. ¿Qué significa? Usa las relaciones de causa y efecto en esa página como ayuda. **CAUSA Y EFECTO**

4. Escribe acerca del mensaje que la autora quiere comunicar a los lectores al mostrar la reacción de Carlos cuando conoce la música fusión en la página 6. **ESCRIBIR SOBRE LA LECTURA**

Género | Texto expositivo

Compara los textos

Lee acerca de la historia del flamenco.

El flamenco

El flamenco es un canto y baile típico de una región de España llamada Andalucía. Se cree que gitanos, provenientes de la India, se trasladaron a Andalucía y llevaron con ellos su estilo de canto y baile. Este se mezcló con la música y los bailes del lugar. La mezcla dio como resultado el flamenco. Finalmente, el baile y el canto flamenco se extendieron a muchas otras partes de España.

Dónde comenzó el flamenco

La palabra *flamenco* no se refiere solamente al baile. Los tres elementos principales que componen una actuación de flamenco son: el canto (conocido como cante), el baile y la música instrumental. Esta generalmente se toca con guitarra. También hay palmoteo para añadir percusión a la música.

El canto puede parecer poco usual a las personas que no lo han oído antes, porque se emplea una mezcla de español y dialecto gitano llamado caló. El sonido poco común del canto flamenco también es el resultado de usar escalas, o patrones de notas, diferentes a las de otros tipos de música occidental. Los cantaores de flamenco tienen un estilo de canto de "gemidos". Por medio de estos se expresan emociones fuertes.

Tanto los hombres como las mujeres bailan flamenco, pero la forma en que lo hacen es ligeramente diferente. Los hombres, tradicionalmente se centran en los movimientos de los pies. Zapatean y pisotean ritmos complejos. En cuanto a las mujeres es una mezcla de zapateo y movimientos realizados con la parte superior de sus cuerpos, brazos y manos.

A veces el baile cuenta la historia de lo que se está cantando.

Los bailaores de flamenco expresan un sentimiento de orgullo cuando bailan.

Chris Nash/Digital Vision

Esta mujer japonesa está bailando flamenco.

La guitarra flamenca se tocaba originalmente para acompañar al cantaor y a los bailaores. Actualmente es tan popular, que se ha convertido en un estilo instrumental solista. Algunos guitarristas de flamenco dan conciertos en los que ni se canta ni se baila.

El flamenco alrededor del mundo

Muchas personas alrededor del mundo aman las melodías, los ritmos, la fuerza y la belleza del flamenco.

Puedes encontrar personas bailando flamenco adonde quiera que vayas, hasta en lugares que históricamente no tienen una influencia española. ¡Incluso hay una fiebre de flamenco en Japón!

Haz conexiones

¿Qué culturas han contribuido al desarrollo del flamenco? **PREGUNTA ESENCIAL**

Compara la fusión musical descrita en *El sonido arcoíris* y en *El flamenco.* **EL TEXTO Y OTROS TEXTOS**

Enfoque: Elementos literarios

Diálogo Los autores utilizan el diálogo para mostrar a los lectores lo que dicen los personajes. Este puede ayudar a desarrollar la trama a lo largo del relato y a mostrar la acción. Las tiras cómicas son un ejemplo de cómo se puede contar un relato usando únicamente diálogos e ilustraciones.

Lee y descubre En este fragmento de diálogo que aparece en la página 4, el autor nos cuenta lo que dicen los personajes y lo que están haciendo.

> —Les tengo una sorpresa —continuó el señor Torres—. Mañana los llevaré al Estudio do-re-mi. Será una gran experiencia, allí podrán conocer y tocar otros instrumentos.
>
> —¡Qué bien! —exclamó Ulises—. ¡Tres hurras por el señor Torres!

Tu turno

Ahora convierte este u otro fragmento de diálogo en una tira cómica. Usa las palabras que dicen los personajes. Agrega por lo menos seis dibujos. Muestra tu tira cómica al resto de la clase.